d

Alfred Andersch

empört euch der himmel ist blau

Gedichte und Nachdichtungen 1946-1977

Diogenes

40/77/M/1
ISBN 3 257 01549 6

An Herrn N. N. Litteratus

»Es war einmal ein Reuter,
Der hatt ein schönes Pferd«:
Gut das, und was denn weiter?
»Er aber war nichts wert.«

Matthias Claudius

I

Aus Rauch und Delphinen

in winterspelt
im tagebuchherbst
mitten im
krieg
schürte auf dem hang gegenüber
der mann das kartoffelfeuer

das verbrannte kraut zog als rauch um ihn
als wolke um ihn   der klein und schwarz
mit einem stecken im feuer stocherte

würde er hinter den schwaden verschwinden

er trat immer wieder hervor

die delphine werden vom phosphoreszieren der
heckwelle angelockt
sagte der matrose auf der »samuel moody«
während der überfahrt
von boston nach le havre
in einer novembernacht
als der krieg vorbei war

die delphine spielten
mit den atlantischen tränen
silberner hoffnungskehricht

auf dem deck
des unruhigen wanderns
vom bug zum stern
und wohin

Die Lagune im Januar, sehr klarer Tag

lock-ente   puppenvogel
auf mazzorbo das blaue haus
der ziegeldom nachmittagsrot

schneegebirg   delta-gehöft
herbstpflaumenblau der azimut
wolken aus ästen   platanen

schilf-flügel   weidenschnabel
paludi della rosa oder
die untiefen der grauen aale

wasser-ton   brunnen-echo
auf dem lehmweg fabios schritte
die dunklen geister der namen-flur

Epitaph im Winter

die feigenblüten sind gegessen
ein wenig schnee mitte dezember
gegen vier uhr begräbt man ein kind
gelber himmel
das tierfell des bergs der nördlichen talseite

schlangengrau die feigenbaumrinde
für die reben hat morgantini
schon im herbst die pfeiler gesetzt
es wird kälter
sagt er im vorbeigehn   er kommt den paßweg
er sagt   mario hat nur sechs tage gelebt

Der Tod in London

»there's a man taking names«

da geht ein mann
durch die halbmondstraße
im nebel erlischt er
der nimmt dir den namen

er trug eine mütze

da lehnt ein mann
an der steinwand der nacht
vor hug humphreys pub
der nimmt dir den namen

er kaute ein streichholz

da steht ein mann
mit dem bierglas am zinktisch
in der bitteren schenke
der nimmt dir den namen

er zahlte   ging hinaus

er trug eine mütze
er kaute ein streichholz

er las den observer
sein auge war weiß

Ort im Waldmeer

osebol
hießen
die häuser
dort unten
wo das wasser
moosgrün
die tanne
entrindet
die schuppige äsche
die tiefe der wälder
den abend des fremden
er stand auf der brücke
wo das wasser
moosgrün
auf grauer iris
die tanne
die äsche
die tiefe
den abend
den klar-älv
dahin trieb
an osebol längs

Café (Bellinzona)

patisserie
das buffet von neunzehnhundertelf
häuser fußballkalt viscontigrau
in den sonntagnachmittagsscheiben
blinde spiegel eine frau erwartend

espresso crème
die pfeife noch nicht angezündet
unentschlossen   zu alt   schlangengrau
radfahrer auf der via salsa
ein fiat elfhundert von rechts vorbei

anisgeruch
den bon neben der tasse lesend
und irgendeine frau erwartend
fünfzig centesimi
pascal noch nicht begriffen
niemals erfaßt
worauf es spinoza eigentlich ankam

Erinnerung an eine Utopie

azur rostrot meerblau
der indianersommer des orlogs
rhode island oder die klarheit aus herbst

die bucht der wind das gras
im freien hören die gefangenen
die lehre von der gewalten-trennung

teddy wilsons klavier
call me joe sagte der oberstleutnant
professor jones ironisiert poe

im osten die toten
hier der neue plan aus den ahorn-wäldern
die ära des großen gelähmten

oktober-nostalgie
nach der charta des bilderbuch-meeres
dem leuchtturm so weiß von narragansett

Nymindegaab

die nordsee
aus der langen brandung
ihre wasser-bögen
über den sand
auswerfend

schleierblau
auf den kristall-gittern
in gegenlicht-böen
achromatisch
zerfallend

oh ihr
gerundive der see
flutende girlanden der unendlichkeit

landein
aus dem wirtshaus
unter den sturmhimmel
treten die entenjäger

Ramarro

die smaragdene
mit dem azurkopf
auf der orchis-wiese
unter den liliaceen
schlug ihr winziges
drachenmaul
in den zeigefinger
des jägers
als er sie fing
unter den liliaceen
auf der orchis-wiese
die smaragdene
mit dem azurkopf
mit dem ledernen biß

Die irre Mutter

laura, eine nachbarin, beobachtend, wie sie unten im tal
zur omnibus-haltestelle geht, – man hat sie nach
novara gerufen, zu ihrer mutter, deren geist sich
plötzlich verwirrt hat –, erblicke ich

über dem stummen
sehr kleine schwarze zeichen
aus vogelflügen
aus schwalbenkrallen
ins nebelpapier
schwalbensignale
ins vor dem berg zerfetzte nebelpapier geritzt
pfiffe aus krallen
ins nebelpapier
aus schwalbenkrallen
aus vogelflügen
sehr kleine schwarze zeichen
über dem stummen
in seiner schattenschlucht drunten dem stummen fluß

Glaubwürdige Jahreszeit

der frühling lügt
wenn er grün
über die wiesen
flunkert
wenn er windig
vom april
faselt
dann lügt er
der frühling

es ist der herbst
der rote tod
der im essigbaum hockt
der herbst ist es
der die wahrheit sagt

Stücke des Grundes

nimrods zone
geistergrund
heidenholz
raubvogelflanke

villaggio aus
granit und granit
ortschaft des jägers
kaiserkrone
der blauen schlucht

negri
als flaumfeder
bewegt sich die marmorader
unter dem fall
des ginsterflusses

serta pagana
rauhbirke
weißer rauch

grauer falke am berg
grauer falke
ledrima

Die Farbe von Ostberlin

dieser film
zeigt
kalte gelöschte straßen
in denen
einige söhne umhergehen
die es nicht aufgegeben haben
nach ihren vätern
zu suchen

die haut des spreekanals schwelt
und geht aus

der gendarmenmarkt
wartet noch blind
auf die stunde der ulenflucht

denn der vogel der minerva
bewegt sein gefieder
erst in der dämmerung

unter dem toten krieg
regt sich
ein rostiges
grau

Haiku-Litanei

sankt jakobs turmhelm
die spirale aus grünspan
stürzt in den himmel

in den himmel stürzt
die spirale aus grünspan
sankt jakobs turmhelm

die spirale aus
grünspan sankt jakobs turmhelm
stürzt in den himmel

grünspan spirale
die aus sankt jakobs turmhelm
in den himmel stürzt

turmhelm spirale
die stürzt in den himmel aus
sankt jakobs grünspan

himmel sankt jakobs
die spirale in grünspan
stürzt den turmhelm aus

sankt jakobs grünspan
stürzt die turmhelm spirale
aus in den himmel

in den himmel aus
sankt jakobs grünspan turmhelm
stürzt die spirale

An die Deutschen

noch in den rauchenden
ebenen
unseres ausgelöschten landes
werden die letzten von uns
blind tappen
die worte

wehr   wehr
macht   pflicht

zungenlos
lallend

wollen wir uns
eh es zu spät ist
nicht
ein neues wort
einfallen lassen

irgendeins

Nach dem Sint-Feuer

1.

als es vorbei war
wurde die erde
was sie sowieso geworden wäre

ein flach geneigte
geröllhalde

in den blumengeschäften
der unterirdischen städte
verkaufte man sträuße
aus fledermäusen

2.

einige lasen
ihre begonnenen bücher
weiter

andere fuhren damit fort
anzunehmen
gott beschäftige sich in gedanken
mit ihnen

3.

am himmel erschien ein eisiges grün

nur ein junge
seine jüngere schwester
im arm haltend
erwartete es
gefaßt

Gespaltenes Gedicht

abgetrennt	und	geschieden
von den kiefern-ebenen	und	von den provinzen des rauchs
von dem großen stechlin-see	und	von jenem tübinger turm
verbringen wir unsere tage	und	leben wir eigentümlich dahin
von dem großen stechlin-see	und	von jenem tübinger turm
von den kiefern-ebenen	und	von den provinzen des rauchs
geschieden	und	abgetrennt

Gnostische Zeilen

1.

solltest du wirklich der sein
ohne den kein sperling vom dach fällt

so sollte man dir
die knöchlein der kinder
die du von deinen mördern zerschlagen ließest

ins gesicht werfen

2.

da du aber gar nicht
der bist
sondern selber höchstens ein ball aus federchen
der auf unsere straße fällt

so kann man dir immerhin
mit den knöchlein der kinder
die jener mörder zerschlug
welcher auch dich aus dem äther fallen ließ

ein winziges gebet trommeln

Tageszeiten klassisch

nichts könnte griechischer sein als dieser golf
das abendmeer ein blauer stein
zwischen den sanddunklen vorgebirgen

oh vorgebirge   ihr roten rinder
über den weiden des morgenmeers
grasend den griechischen golf

Zögernde Auskunft

die antilopin
zurückbleibend
beim abstieg vom timidoro
hinterließ sandalenreflexe
in meinem gehör

erst ein sirren
von der gespannten sehne
der nacht wahrscheinlich
am dämmerungsbogen vorbei
– vielleicht zeta aurigae in den juli zielend –
erinnerte mich daran
daß sie die biegung des weges
noch immer die biegung des weges leer ließ

als sie erschien sagte sie
ein gefiederter pfeil
über den pfad fliegend
habe sie fast gestreift

der schütze
sagte sie
der schütze blieb
sagte sie
unsichtbar
sagte
sie

Oh Axiopistos!

während die badegäste am morgen noch erschrocken
die fuß-spuren betrachten, die aus dem meer herausführen
aber nicht in das meer hinein – es gibt heute früh
in der ganzen schwertfischbucht nur diese spuren
mit den landwärts gerichteten zehen –

weiß ich
schon bescheid

weil ich gestern abend zu lange
in der gnomensammlung des axiopistos las

nüchtern sei und mißtrauen übe
das sind des geistes gelenke

hat jene die nacht
in blauen
in beinahe schwarzen tiefen
nackt und geschmeidig

mit einem poseidonischen fisch
gejagt

mit einem poseidonischen fisch
gespielt

beim frühstück hatte sie noch
einen schlüpfrigen körper
und erfrischt
war ihr geist

Jugend eines Weltumseglers

(Collage aus Texten von Jean Paul
und Georg Christoph Lichtenberg)

er kaufte sich einen sehr schönen hölzernen quadranten
von birds arbeit
die welt war noch leise
nebst einem sehr guten spiegelteleskop
und einer vortrefflichen taschenuhr ferne entzückungen

an den gebirgen verlief das nachtmeer still
in dessen tiefen buchten das eis nicht selten
bis in den junius liegt

ferne entzückungen oder paradiesvögel
mechanik des segels und des steuers
die höhen abrahams im rücken von montcalm

in diesen wilden einöden des finstern wesens
flogen paradiesvögel beim schiffslauf
durch die analysis des unendlichen
stumm auf den sonntag zu

Lufthansa, Flug 434

Für Gunter Groll

sechzehn uhr zwanzig fiumicino

der tiber fächert sich trüb aus
ehe das meer erst dunkel wird
dann silbern

darin elba sechzehn uhr fünfzig graugrün
ein atlasblatt präzis wie von agostini in novara
jedoch auf ein unendliches feld gelegt
die buchten verbergen sich vor der topografie des
immensen raums

siebzehn uhr zwanzig die küste
westlich genua steht ein gewitter
in finale ligure regnet es   wahrscheinlich ein wolken-
bruch
man hat sich in die cafés geflüchtet
die kamelien leiden

siebzehn uhr fünfunddreißig der po mit seinen neben-
flüssen
im gegenlicht   mäandrisch zieht die wassermusik
spinnt ein trompetenmotiv
über die trommeln des fruchtlands

über unsrem im gebirge versteckten haus
geringer luftdruck   also nebelfetzen

später höre ich daß der mai kalt war
und die oleander erfroren sind

ein inlandeis aus wasserdampf
doch alpin im äther um achtzehn uhr
die walliser viertausender über den kumulus-gletschern
cirrostratische fahnen wehen im pneuma des himmels
die arktische reinheit der hohen schweiz

zürich achtzehn uhr fünf   der rhein
waldland   weinland   die industrie
zwischen dünnen wolken die häufig aufreißen
die picknickplätze und die demokratien
die familienverhältnisse
die philosophischen systeme
die transformatorstationen

navigation des sinkens im blindflug durch grau
die erde mit reihensiedlungen
dünne windflügel fahren aus den tragflächen
landend stemmt sich der vogel gegen den luftstrom
steht über den hangars
setzt auf

und sein schatten flieht über die rollbahn
in eine erinnerung aus lichtmeridianen
flüssen in c-dur
pol-gefühlen

frankfurt achtzehn uhr vierzig

Onkel Basils Gedicht

zweifellos balthazar sind jene gedanken in geschälte
rote ziegel
eingeschlossen ein mann mittleren alters der nicht mehr
spricht
und wenn dann nur gelbe worte die substrate von
spiegelungen
spiegel sind unfrei spiegel verdoppeln den zufall von
alkmaar
gegenübergestellte spiegel lassen das gesetz der unend-
lichen serie
ahnen die herkunft von coras blond aus grauen
geschliffenen tiefen
die möglichkeit der konstruktion vertikaler grachten
die dann
vis-à-vis angelegt werden können wirst du noch
erproben balthazar
denn es liegt dir alles daran ein gewisses blond in
einem spiegel
verschwinden zu lassen zuzusehen wie cora das gesetz
der unendlichen serie
aufhebt und in einem der spiegel untergeht

die möglichkeit der konstruktion nicht fallenden wassers
muß sich lösen lassen

aber du kommst nicht über die tatsache weg daß die
wasserwand gegenüber

vorausgesetzt ihre oberfläche sei klar genug was sie ja
sein muß
damit cora sich vor ihrem untergang in ihr spiegeln
konnte
auch ihren untergang spiegelt ein wehendes blond in
einem wehenden blond
also finde dich ab balthazar hinter roten geschälten
ziegeln
murmle noch weniger gelbe worte erst in der tiefe der
serie
löschen die spiegel den zufall von alkmaar aus

Der Rhein

der obere rheinhafen
an einem nachmittag im dezember

binnenschiffe und
andere prädikatlose sätze
in rot und schwarz

die existenz des gorillas im basler zoo

wie es wohl wäre
in lörrach zu leben

die absicht
ins wasser zu gehn
vor fünfundzwanzig jahren

weiter stromab

bei honnef oder unkel
am abend der film
in der hitze der nacht

auf dem weg ins kino
ein mädchengymnasium
aus schalenbeton

Na, wie war's denn in Sizilien?

über dem rotationsdruck
des nachrichtenmagazins
die äolischen inseln

wenn sie aufblickte
hinter der sonnenbrille

der filmproduzent rob houwer
betrachtet seinen nachtblauen jaguar e-type
als phallus-symbol

anita pallenberg ist
ein kino-tier

wörter hinter günzburg
wo die autobahn ansteigt
als es anfing zu regnen

Systema naturae

schnell und tief
in einer reglosen landschaft

die glomma

kennt man nicht den namen
ist die kenntnis vom dinge wertlos
isidor von sevilla

auf den sandbänken
der träume
ingwergewächse
aaspflanzen
passionsblumen
kalabassenbäume
tamarinden
als linnäus gen süden ritt

was linnäus
bei dem weiblichen geschlecht suchte
war vor allem
eine anständige mitgift
weiterhin
ein weiches festes fleisch
und schließlich
ein leicht zu lenkender sinn

die pastorin grot in kvikkjokk an der lule lappmark
hurt mit dem regimentsquartiermeister kock

wenn ich geld hätte
würde ich
cliffords gärten
rekonstruieren

das sexualsystem der pflanzenwelt
als geometrische absicht gottes

der fluß glomma

in einer reglosen landschaft

schnell und tief

Nordamerika

in tsalal
nichts weißes

eine gelb gefütterte bayou-wolke
die schwanzfeder eines amerikanischen kreuzschnäblers
die verrazzanobrücke
eine von blaschka vater oder sohn geblasene glasblume
eine regenbö aus labrador

aber nichts weißes

pyms bleistiftkopien
der schrift
auf den mergelwänden
der klüfte
von tsalal
immer noch nicht dechiffriert

die mennoniten
auf ihren planwagen
am horizont
der schnee-ebene
von ontario
schwarz
unter einem himmel aus asche

die mennoniten
rufen
tekeli-li

weil sie sich vor dem weißen fürchten

ontario
tsalal
tekeli-li

Weisses Rauschen

die ferraresen atmen die canapina ein
den blütenstaub des hanfs
ein aphrodisiakum

liberale streichen die wände ihrer wohnungen
weiß

feststehende klänge
mit einer bestimmten geschwindigkeit in rotation
gebracht
verwandeln sich in
andersartige
ja neue
klänge

das prinzip der leuchttürme

das zeitalter
der protestresolutionen
wird abgelöst durch
das zeitalter
der kopfprämien

eine schildpattdose
gefüllt mit canapina
für den
der carrero blanco ergreift

schwebungssummer
für geschwindigkeitsglissandi

auf dem leuchtturm
dreht sich
eine wollüstige ferraresin

während der erste schnee fällt

das zeichen
für den aufstand

Der grüne Apfel

ungefähr um halb elf
aß er
einen grünen sommerapfel

er lebte
zufällig

zwölf gelbe bleistifte
für eidola

Der junge Freud

in der salpêtrière
die hirne zerebral gelähmter kinder
die winzigen sklerotischen herde
in den schläfenlappen

in der rue le goff
in gehrock und zylinder
manchmal tränen
vor einsamkeit

Spinoza

die langen schlittschuhfahrten
auf den kanälen von rhynsburg
beeinflussen
die mathematische darstellung
von substanz
und modus

Preussens Gloria

friedrich der große
war ein linksintellektueller

moses mendelssohn
ein kleiner berliner herr

jener weiße vogel dort auf dem landwehrkanal
sei der geist von rosa luxemburg

in plötzensee hält von witzleben noch immer
vor dem henker die hose fest

Anlässlich eines Wunsches

achtzig jahre alt werden
und dann aufbrechen
um auf einem schneefeld
unter dem allalinhorn einzuschlafen
wäre der schönste tod

stattdessen krepiert man
irgendwo
an irgendwas

na   man kann schließlich nicht
alles haben

und geschenkt kriegt man
nichts

das allalinhorn schon gar nicht

Wo bin ich?

mittwoch
gütersloh
eine fußgängerzone
donnerstag
mönchengladbach
die hindenburgstraße
die hindenburgstraße
gütersloh
donnerstag
eine fußgängerzone
mönchengladbach
mittwoch

Dichter-Lesung

sagen wir achtzig
gesichter

ein glas wasser

manchmal schiebt er seine beine übereinander
so
daß der linke fuß in der beuge des
rechten ruht

manchmal stellt er sie parallel
nebeneinander

sie sind mit einer dunkelgrauen
hose bekleidet

Speisekarte

augen
aufblickend
erschrocken
hoffnungsvoll
ahnend eine neue
unerhörte
speise

dann wieder sich senkend
eigentlich schon
satt
gesättigt von den begriffen
aber immer noch
unersättlich
schwelgend im fett
der theorie

Lesesaal

eine schöne studentin
hinter einem haufen bücher

ah   könnte ich
mit ihr im bett liegend
von adorno sprechen

aber bitte nicht von jaspers
ihr jaspers auszureden
wär mir schon
zu mühsam

Hesiod in Wales

diese götterdämmerung
gehört einem kerl in capel curig

der wenig schreibt

nur diese theogonie
für ein leeres und kaltes gebirge
von der nacht schon ganz blaue sätze
geraunt und maulfaul
höchstens in den partizipialkonstruktionen
etwa den
von moos und granit aufgehaltenen
flechtenstillen westwind erwähnend und
die ozeanischen wolken
eine spur von gold

auf fragen bleibt er stumm

questioning is no mode of conversation
among gentlemen

stößt er zwischen den zähnen hervor

machen wir also
ehe es ganz dunkel wird
daß wir weiterkommen
ins melancholische tal des dee und zu den freundlichen
fräuleins von llangollen

Dahlem, Museum für ostasiatische Kunst

dieses schatzhaus
an-yang höhle
raubgrabung
fensterlos
glosend im
grünspanlicht

der tiger-spiegel
ordosgebiet
in nichts weiter als einigen
erhobenen linien
die der kreisform angepaßte
profildarstellung einer trächtigen tigerin
in ihrem leib sieben kleine tiger
sechs von ihnen eingerollt
der vorletzte stehend

der hats eilig

oder
zwei jahrtausende später
sperlinge in reifem reis
sung-dynastie
fächer
als albumblatt montiert
vom untertan han jo-cho ehrerbietig gemalt

an der akademie zu k'ai-fêng
in feinstem realismus

flaumige vögel
sitzen auf kalligrafisch exakt wiedergegebenen
reishalmen

haniwa   frauenkopf
japan
kantô-bezirk
riesige augen und
der kleinste aller münder
schatten
in einer scheibe
aus rotem ton

der mönch daruma
erster patriarch
hängerolle

der großkönig vom t'ai-berg

ein koromandelschirm

der laut der zither und das rauschen
des windes in den kiefern

die brücke von seta

kurtisane mit hündchen

der allem sein zugrundeliegende buddha und
der herr des westlichen paradieses

steppenvölker und
erbauer von reis-terrassen

bewohner von löß-hügeln und
gobi-rändern

magische amulette oder
naturalismus

ornamente oder
statuen

abstraktion oder
spiegelung

aber

alles was dargestellt wird
wird stilisiert

dies die wahrheit der binsen
aus tusche
auf reispapier
leuchtend im
grünspanlicht

WINDOW-SHOPPING

wie gut
daß es glas gibt

glas hindert mich
einzudringen in diese macchia aus
kleidern
uhren
flaschen

gläsern bleiben sie
unberührbar
nicht tickend
geruchlos

wunschlos betrachte ich die durchsichtige bahnhofstraße
und reise ab um einzukaufen
den tragant
die binsenpfrieme
die cistrose
die ausgestellt sind in dem schaufenster
einer insel ohne glas

nachts dringen
in die häuser
dieser insel deren bewohner
das glas nicht kennen

die gerüche
des balsamischen tragant
der aromatischen binsenpfrieme
der salbeiblättrigen cistrose

Eine Pflanze

verloren
in den abhängen
des berges terralba
betrachtete er eine baumheide
erica arborea
schönes exemplar

die botaniker bezeichnen die baumheide
als kieselhold

er besaß weder das werkzeug noch die kraft
ihren wurzelstock auszugraben
und sich aus ihrem rotbraunen feinen maserholz
eine pfeife zu schnitzen

wegen ihres hohen gehalts an kieselsäure
kann das holz der baumheide
nicht brennen

an ihren letzten blüten
aus schwachem violett
hingen einige bienen
der straßenwächter
von der casa cantoniera pira de onni

einem scharlachroten punkt
tief unten im blaugrünen
licht des tales nach lanusei

denn die baumheide
ist eine honigpflanze

die griechen
erinnerte er sich
während er ein stück brot aß
und wasser aus einer flasche trank

die griechen
gewannen aus der baumheide
ein mittel
gegen den schlangenbiß

In Edmund Wilsons Haus

1.

ich bin zu spät gekommen

er konnte kartenkunststücke

umgeben von aristoteles cicero saint-simon goethe
melville poe
spielte er für kinder
kasperletheater

das licht im haus ist blaugrau

er liebte proust   nannte die wiedergefundene zeit
the heartbreak house of capitalist culture

wünschte aber
selber keine literatur-muschel zu sein
abgesondert von einer geduldigen molluske

sondern beschrieb die schriftrollen vom toten meer
die ankunft lenins am finnländischen bahnhof
das verhalten der irokesen
beim stahlskelettbau

er redete in latein portugiesisch russisch aramäisch und
zwanzig anderen zungen

er sagte   ah was für ein vergnügen ist es
sich einer neuen sprache zu nähern

kehrte heim und
las die zeichen des bürgerkriegs aus einer
patriotischen blutlache

2.

er lebte in einem großen alten
haus aus weißgestrichenem
holz

polyhistor
man of letters

missis o'connor sagt
he was a ladies' man

die bärenpranke seiner sätze
zart mächtig wärmend dunkelbraun

vollkommen gebildet
vollkommen naiv
vollkommen amerikanisch

freundlich
scharf
bärbeißig
freundlich

vor den september-fenstern
das erste sumach-rot

virgil und flaubert
der vers ist eine
sterbende technik

3.

er verlangte hohe honorare
weigerte sich steuern zu zahlen
und starb arm

kein haus herzeleid   seins
sondern ein tragisches haus
wenn es nacht wird
lies etwas das leuchtet
schrieb er

auf seinem grabstein
drüben in wellfleet
jenseits des heringflusses
steht
sei stark und guten muts

es ist nicht wahr daß er noch hier ist

er ist fort

ich bin zu spät gekommen

Nächtlicher Gast

nachts um drei uhr
wenn wir das licht andrehen
hat der waschbär ein steinernes fell!
schweigsam hockt er
auf dem pfettenrost
wäscht unser brot
in der kumme
und hält es
in zierlichen händen

wenn der morgen graut
im totenreisig
kommen die
blauen krähen

Schwimmen im Moosehead Lake, Maine

eigentlich darfst du
nicht schwimmen
sondern mußt dich bloß
treiben lassen
bewegungslos
damit du die spiegelung
der wälder und wolken
nicht zerstörst

im september
wenn es still ist
liest das wasser
von den tafeln der berge im norden
die gerüchte von einem kontinent ab der
noch nie einen schritt gehört hast
ehe es sich
eine tiefere farbe
wie ein schweigen einschminkt

leg dich auf den rücken
paddle nur sacht mit den füßen
es ist abend
der himmel ist still
der see ist still
die wälder sind rauchblau
gleich wird es regnen

Walfang-Museum, New Bedford

die bark lagoda
ist aus zedernholz
und in der halben größe
des originals

das macht sie zu einem
zwergenschiff

auf ihrem deck hin und her gehend
bin ich ein riese
plump
unbeholfen

kapitän ahab war ein zwerg
ein zwerg hat den weißen wal erlegt
mit einer harpune
so fein wie eine nadel

neu england draußen
ist fichtenspitz
und weiß

plump
unbeholfen
beuge ich mich
über die insel nantucket

Such-Anzeige

1.

ludmilla
die mutter
braungrau geströmt
wünscht nicht
angefaßt zu werden

balduin
sohn aus erster ehe
grau und
weiß
stark
blauäugig
häuslich

timotheus
sohn aus zweiter ehe
streuner
klein
wild
zierlich
aprikosenfarben

timotheus
kam mir
abhanden

2.

timotheus
ich hoffe
daß du nicht tot
sondern nur treulos bist

3.

timotheus
wer reicht dir jetzt
den milchtopf
die leber
wer sieht dir zu
wie du streunst
aprikosenfarben
durch halbes licht

4.

timotheus
eidechsenfänger
blöder kerl
du hättest ruhig
bei mir bleiben können
überall ist die welt die gleiche
dein und mein eintöniges biotop aus
schatten

gerüchen
hunger
liebe
schlaf
durchspielt von lazerten-träumen
tatzenzart

aber bitte
mach deine erfahrungen
bilde dir meinetwegen sogar ein
sie seien neu

ja ja   ich weiß schon
du hast einen neuen gott
entdeckt
aber ich
dein früherer gott
sage dir
er ist nicht neu

auch er kann nichts anderes
als dich aufheben
streicheln
auf die rote wolldecke setzen
dir den milchtopf
die leber reichen

timotheus
du hast mich beleidigt
du ziehst mir altem

einen neuen gott
vor

außerdem entbehre ich
dein aprikosenfell
timmi

Kluge, Etymologisches Wörterbuch der deutschen Sprache, 20. Auflage, Seiten 284–285

halkyonisch
halle
halleluja
hallig
hallimasch
hallo

sehen sie
so leicht ist es
ein gedicht zu machen

betreiben sie doch auch
lyrik als
hobby

Köchel-Verzeichnis No. 75

das andantino dauert
unter böhm
3 minuten 28 sekunden

was denke ich
wenn es vorbei ist

ich denke
jetzt sind
3 minuten 28 sekunden
meiner zeit
vorbei

Lissabon im Herbst 1975

von den wänden blättert
die hoffnung ab

bleich bedeckt sie
die asche
des ausgetretenen feuers

Marx

ihr sagt   er war
hochmütig
unduldsam
rechthaberisch

ja   er besaß
hohen mut
keine geduld
hatte recht

An Walter Benjamin

hinsichtlich des kunstwerks
im zeitalter seiner technischen reproduzierbarkeit
haben Sie sich geirrt
benjamin

die originale bleiben geheimnisse
auratisch for ever

wie die herzogin von guermantes
in Ihrer übertragung

Ihre winzige und rätselhafte schrift
kann jetzt nur noch gretel adorno lesen
sagt man

brecht war nicht ganz auf der höhe
Ihrer zuneigung
er hielt Sie bloß für einen besonders intelligenten
analytiker

an der spanischen grenze wußten Sie
daß Ihre zeit zu ende war

jenseits des meeres gab es nur noch
das institut

die zensierten texte
die abgelehnten dissertationen
wie damals
in frankfurt

das war kein ziel für Sie
benjamin
Sie wären gern in paris geblieben
in den blaugrauen straßen
zusammen mit baudelaire

ein weicher bürgerlicher berliner jude
lenin erwartend und
den heiligen geist

Silvestro Lega, Il Pergolato (Milano, Pinacoteca di Brera)

Für Ernst Wilhelm Eschmann

am liebsten betrete ich die po-ebene bei einem ort
namens romagnano sésia

die straße läuft in einer kurve zur piazza hinab

aus hügeln auf denen ahorne pappeln platanen
in gruppen stehen

im frühen frühling ist die luft hier ganz schleierig
von bläue und rötlichen laubspitzen

in eine so empfindliche luft muß man
die alten gehöfte dünn eintragen   vielleicht
mit dem spachtel vorsichtig auflegen
in einer chromatik die zwischen kreide und rosa spielt

maler müßte man sein
am besten spät-impressionist
mit einer feldstaffelei und farben von winsor & newton

der fluß sésia ist nichts als ein bißchen helles wasser
in einem kiesel-strom auf dem männer neben lastautos
stehen

bei ghislarengo beginnen die reisfelder als quadratische
teiche
zwischen entfernten pappelreihen

in ihren spiegeln verändert sich die färbung des himmels
aus einem sehr hellen blau in ein durchsichtiges braun
durchsetzt von der federigen zeichnung der jungen
mandelgrünen halme

die reistennen in den dörfern sind glatt gefegt
die arbeiterinnen tragen gugelhüte aus stroh
mit schwarzen tüchern unter dem kinn festgebunden

sie erinnern mich an abbildungen von arbeiterinnen aus
der provinz sezuan
es scheint daß alle reislandschaften etwas chinesisches
annehmen

in novara bleibe ich immer eine weile und besuche die
buchhandlungen
ein mann namens agostini sticht hier vorzügliche
landkarten

und die piazza ist so weiträumig daß man
die weißen sommerwolken die immer über ihr stehen
gar nicht übersehen kann

das ist eigentlich alles was ich von novara weiß

südlich pavía ist ein schloß zu verkaufen
es kostet nichteinmal sehr viel
eher weniger als ein mittleres landhaus irgendwo

davor eine pergola

mit vier frauen und einem kind

alle schön
alle schlank
alle stolz
alle schwarzhaarig
in langen schwarzen weißen und bräunlichen kleidern

der fächer ist entfaltet

unter dem weinlaub-schatten
vor der mauer mit den margueriten-töpfen
vor der po-ebene
flirrend im sommer eines gepflegten spät-impressionismus
der alles enthält

außer
die schwitzenden arbeiterinnen
der provinz sezuan

Brauchbarer Ersatz

sohn
es geht mich ja nichts an
aber
anstatt daß du
halluzinogene drogen
einnimmst
rate ich dir
den rauch
von einem holzfeuer
zu beobachten
wie er
aufsteigt und
sich auflöst
blaugrau
im gebirg
vor einem
noch unbelaubten
waldhang

81. Grad nördlicher Breite

treibeis-felder stoßen sich von der parry-insel ab

fog is coming
sagt skipper haakon godtlibsen
während er den eisanker löst

die mitternacht ist vogelfederblau

das tauchgeräusch einer alke
bleibt stehen   wie glas
klirrend

Auf dem Roten Platz

der porphyr-schrein
streng konstruktivistisch
von schtschusew

das puppenspiel
der garderegimenter

der ganze platz
leicht gewölbt
globus-segment

unter dem unendlichen
oktober-blau

weil ich
den heiligen georg
die heilige jungfrau von wladimir
den erlöser mit dem goldhaar und
christus mit dem klaren blick
aufsuchen will
im uspenski sobor

gehe ich die geduld entlang die
tausendfüßige den noch am
borowitski-turm nicht endenden

scharrenden grauen
wunsch nach der
reliquie

es ist kalt

ecke kujbischewa
zwei rotarmisten und
ein mädchen

sie stampfen mit den füßen
den wintertanz

Östlich des Nogin-Platzes

im haus nummer dreizehn
spielt jemand
das andante con moto aus der
appassionata

die straße herab
zwischen den hellgrauen zweistöckigen
häusern aus holz kommen
ab und zu leute

kein auto

es wird dunkel

an einer ecke verrottet
eine kirche
unter dem feuchten herbstlaub

warum sind die menschen in rußland
so herzlich

ich glaube
weil sie fühlen
wie es ein wunder ist
wenn in dieser grenzenlosen weite
menschen einander begegnen

wie wolken
die sich berühren
flüchtig
über dem wald von sagorsk
den keiner ausgeht

weil ich
die kyrillische schrift
auf den straßentafeln
nicht lesen kann
weiß ich nicht
wo ich bin

ich miete mir ein zimmer

ich bin heimgekehrt

ach so
sagt anna grigorjewna
leicht spöttisch
Sie waren in der
soljanka
da drehen wir immer
die filme die im
alten moskau
spielen

Andeutung einer Möglichkeit

in einer gasse
im schatten
der rückseite
des mächtigen baus
des zentralkomitees
der kommunistischen partei
der sowjetunion

steht klein die
dreifaltigkeitskirche von nikitny

ein schwarzer
edelstein
fein geschliffen
sorgfältig
restauriert

tot freilich
neben dem
lebenden
zentralkomitee

dennoch
frage ich mich
wann wird der sozialismus
beginnen
kirchen zu bauen

wie ich
die musik
des komponisten luigi nono
mitglied
des zentralkomitees
der kommunistischen partei
italiens
anhörend
mich gefragt habe

erwartet diese musik
vielleicht
eine neue
liturgie

Odessa

violinen und
diebe

die linden entlang der
gogolstraße

der staub von
budjonnys reiterarmee

vor der reede noch immer
der panzerkreuzer potemkin

fünfzig brotsorten
fuselstuben ohne stühle

professor filatov macht
blinde sehend

so daß sie das eis-licht
sehen können   das die radyanka-flotte

mitgebracht hat
aus der antarktis

und die zehntausend schwarzen vögel
über den dächern am abend

wenn der himmel seegrün ist
und durchsichtig
bis auf den grund

Nominalismus

(Skizze zu einem historischen Roman)

eines morgens   im frühling
des jahres 1100
beendete er seine arbeit
an einem krug
aus weißer erde
den er brennen aber
nicht glasieren würde
schob ihn aber nicht mehr
in den brennofen
hob auch kein neues stück lehm
auf die töpferscheibe
sondern tat mundvorrat
in seine tasche
verließ saint cèsaire
und wanderte
zwanzig tage lang
durch die wälder
sich vor den rittern verbergend
nur manchmal eine einsiedelei aufsuchend
oder ein verstecktes kloster

weil er gehört hatte
daß in paris ein mann namens
roscellin
lehrte
die begriffe seien nichts als

flatum vocis
ein stimmlicher hauch
und in wirklichkeit
gäbe es nur die
einzeldinge
sachen

dies schien ihm
seine existenz
zu rechtfertigen
wenn er bedachte
daß von ihm
nichts
übrigbleiben würde
als ein paar töpfe
aus der saintonge

Bewegliche Hinterlassenschaft des Bauern Jean Sabatier aus Donneville (Toulousain), gestorben am 22. Oktober 1402

3 leere fässer
5 gute leere bottiche
3 leere bottiche in schlechtem zustand
1 badezuber aus holz
2 kufen aus holz
1 leeres fäßchen aus holz
1 weinfäßchen für 56 liter
1 kleines tischtuch in schlechtem zustand
1 axt aus eisen
1 winzermesser aus eisen
1 truhe
1 sieb
1 gestell für ölflaschen aus ton
1 stückfaß aus holz
1 kupferner kochkessel   groß   mit sprung
1 wassertopf für vier liter   mit sprung
1 wassertopf für ein viertel liter ohne deckel
1 hacke aus eisen
1 pflugschar und 1 pflugmesser
2 pflüge und 1 joch aus holz
1 eiserner ring der die deichsel ans joch bindet
1 korb zum obstpflücken in schlechtem zustand
2 feder-kopfkissen
2 kleine federkissen

3 leintücher aus 2 stoffstücken genäht und angebrannt
1 wolldecke in schlechtem zustand
2 kämme um leinen zu kämmen
verschiedene dreifüße aus eisen
2 messer 6 näpfe 2 satten aus holz

Der Architekt von San Nicolao, Giornico, spricht

nichts als
dreißig lagen
breite mit
schmalen
wechselnd
taubengrauer
granitblöcke
gegliedert durch
sechs lisenen
die oben
in rundbögen
enden
die mauern
fensterlos
nur durch die apsis
laß ich ein wenig
licht herein
ah   ich weiß schon
sie bauen jetzt
die durchbrochene wand
die spitzen bögen
die auflösung
aber wenn
die nationalstraße zwei
und die gotthardlinie wieder
verschwunden sein werden

werd ich noch immer
da stehen
und wiederholen
was ich schon
im jahre 1210
gesagt habe
mein taubengraues
mein granitquadriges
mein letztes
mein benediktinisches
wort

Odette, Gilberte, Albertine

der geschmack der madeleine
die weißdornsträucher
die glockentürme von martinville
die richtung méséglise und
die richtung guermantes
und wie das piepen der vögel am morgen
françoise abgeschmackt vorkam

entzückend   gewiß
aber sein gegenstand ist nicht
die wiedergefundene zeit

das thema von tausend
dissertationen

sondern die darstellung einer einzelnen
psychischen tatsache

des schattens
der die liebe begleitet   der
eifersucht

in finsternis hüllt er
odette
gilberte
albertine

wenn die liebe
ihren schatten verliert
hört sie auf

wenn der erzähler
keine eifersucht mehr empfindet
hört er auf
zu erzählen

ein thema   nicht
universitätsreif

aber wir
zu gewissen zeiten
geschüttelt von
eifersucht

finden bei ihm
die finstere   die
absolute
wahrheit
über eine einzelne
psychische tatsache

die wahrheit
ist konkret

die erzählte wahrheit
interpretiert sich selbst

in finsternis hüllt sie
odette
gilberte
albertine

Gnothi seauton

major dincklage
käthe lenk
wenzel hainstock
bruno schefold
captain kimbrough
und jener fatale
obergefreite reidel
sind
offene figuren

keine ahnung
was das für leute
sind

wüßte ich's
hätt ich sie nicht
beschrieben

sie beschrieben habend
weiß ich's
noch immer nicht

weiß ja nichteinmal
wer ich bin
und will's auch gar nicht
so genau wissen

Auf dem Reichstag

feudale
bürgerliche
proletarische
literatur

ich schreibe nicht
für
adelige
bürger
arbeiter

hier schreibe ich
ich weiß nicht für wen
sorry
ich kann nicht anders
gott helfe mir
amen

mönchlein   du gehst
einen schweren gang

Andererseits

Dieses Gedicht bezieht sich auf
das früher entstandene Gedicht
Auf dem Reichstag

1.

andererseits
schreibe ich schon lange
nicht mehr nur
für mich

wie ich früher immer
behauptet habe
wenn ich gefragt wurde
für wen schreiben Sie

seit einiger zeit
weiß ich
daß ich
                    schreibend
für andere
schreibe

literatur ist
mitteilung

sogar den satz
der himmel ist blau
schreibe

ich doch nur
um anderen
mitzuteilen
daß der himmel
blau ist
denn bloß um
mich selber
daran zu erinnern
daß der himmel
an einem bestimmten tag
blau gewesen ist
muß ich ja nicht
unbedingt
schreiben

nur weil ich
anderen
mitteilen will
der himmel sei
an dem und dem tag
blau gewesen
denn in einer erzählung kann es wich-
tig sein
daß der himmel am 10. oktober 1944
blau
und nicht grau war – »der held und
sein wetter«
schreib ich's auf

2.

wer aber sind
die anderen

die anderen
seien die hölle

hat sartre gemeint
von allen schriftstellern
meiner zeit
derjenige der mich
am stärksten
bewegt hat

ich liebe sartre
                    ich bewundere viele schriftsteller
                    einige liebe ich
aber auch in dieser hinsicht
bin ich nun
gelassener geworden

ich glaub nicht mehr daran
daß wir uns
von hölle
zu hölle
grüßen

die anderen
sind nicht
die hölle   sondern

höchstens
die einsamkeit

monaden
sind wir   doch
nichteinmal
fensterlos

3.

am liebsten
schreibe ich jetzt
für freunde
genossen

aber noch immer nicht für
arbeiter
bürger   geschweige denn
adelige
sondern für
menschen
und erst allmählich
                                es gibt eben groschen
                                die fallen langsam
begreife ich
was es heißt
für menschen
zu schreiben

es heißt
gegen menschen schreiben

die andere menschen
unterdrücken
foltern
töten

grabmäler will ich setzen
dem unbekannten
sadistischen ehemann und
den bekannten
bluthunden von chile und
teheran

denn jene anderen menschen
sind die für die ich
schreibe

davon
daß es mißlingt
oder gelingt
sie zu unterdrücken
hängt es ab
ob meine bücher
gelesen werden oder
verbrannt

eine einfache egoistische überlegung
ich drehe den satz nicht um
ich bilde mir nicht ein
meine leser würden sich schon nicht
unterdrücken lassen
läsen sie nur meine bücher

sodaß sich denn
niemand zu wundern braucht

wenn ich von dem satz
der himmel ist blau
literatur ist mitteilung
zu dem satz komme
empört euch

Postscriptum

indessen
will ich
mich nicht besser machen
als ich bin

zwar schreibe ich jetzt nicht mehr
nur noch
für mich

andererseits schreibe ich nur was
mir
spaß macht

ausgeschlossen
sagen viele moral und
vergnügen
schließen sich aus

ich aber schreib's in
eine
zeile

empört euch der himmel ist blau

Artikel 3 (3)

1.

niemand darf wegen
seines geschlechtes
seiner abstammung
seiner rasse
seiner sprache
seiner heimat und herkunft
seines glaubens
seiner religiösen oder
politischen
anschauungen
benachteiligt oder
bevorzugt werden

2.

ein volk von
ex-nazis
und ihren
mitläufern
betreibt schon wieder
seinen lieblingssport
die hetzjagd auf
kommunisten

sozialisten
humanisten
dissidenten
linke

3.

wer rechts ist
grinst

4.

beispielsweise
wird eine partei zugelassen
damit man
die existenz
ihrer mitglieder
zerstören kann
eigentlich waren
die nazis
ehrlicher
zugegeben
die neue methode ist
cleverer

5.

dreißig jahre später
gibt es wieder
sagen wir
zehntausend
die verhören
die neue gestapo

wehrt euch

vielleicht gibt es zeitungen
die eine rubrik einrichten
jeden tag in einem kasten
eine visage
die fotografie einer fresse
die verhört
mit namen
beruf
adresse
sowie
in den meisten fällen
mitgliedsnummer der
nsdap

dann selbstverständlich
keine gewalt
sondern
geht hin
und zeichnet

die wohnungstüre
das haus
des folterers
mit hakenkreuzen

ich garantier euch
der wird es sich überlegen
ob er noch einmal
verhört
der läuft zu
seinem boss
und sagt
sorry boss
die machen mich
dingfest
das wird mir
zu gefährlich
dem geht der
arsch mit grundeis

hört auf zu winseln
wehrt euch
die beste verteidigung ist
der angriff
(clausewitz)

6.

als die nazis
während des krieges

in dänemark
den judenstern einführen wollten
trug der könig von dänemark
bei seinem nächsten ausritt
den gelben stern
auf seiner uniform

warum legen
der scheel
der schmidt
der willybrandt
der genscher
der maihofer
nicht den judenstern an
wenn sie
beim frühstück lesen
daß man schon wieder
eine lehrerin
gefoltert hat
ah ich vergesse
daß sie eine solche meldung
mit der lupe
suchen müßten

wie wär's denn
bundesdeutsche zeitungen
wenn ihr
den deutschen dissidenten
wenigstens ein zehntel des raums
einräumen würdet

den ihr
den russischen
widmet
doch zieht ihr es vor
aus dem glashaus
mit steinen zu schmeißen

die splitter im fremden
anstatt den balken im eigenen
auge zu sehn
das neue kz
ist schon errichtet

die radikalen sind ausgeschlossen
vom öffentlichen dienst
also eingeschlossen
ins lager
das errichtet wird
für den gedanken an
die veränderung
öffentlichen dienstes

die gesellschaft
ist wieder geteilt
in wächter
und bewachte

wie gehabt
ein geruch breitet sich aus
der geruch einer maschine
die gas erzeugt

Zwölf Strophen über die Arbeitslosigkeit

1.

es gibt nur
zwei freiheiten

die freiheit
nicht arbeiten
zu brauchen
wenn einer
keine lust hat
zu arbeiten

und die freiheit
arbeiten zu dürfen
wenn einer
arbeiten will

2.

die freiheit des managers
einen zu entlassen
der arbeiten will
gibt es nicht

3.

der die arbeit
von einem anderen
genommen hat

hat nicht das recht
sie ihm wieder
wegzunehmen

4.

allgemein bekannt ist
daß die
welche arbeitgeber heißen
diejenigen sind
die sie nehmen

während die
welche arbeitnehmer heißen
diejenigen sind
die sie geben

5.

arbeitgeber
wenn diejenigen die
eure arbeit genommen haben
euch zu viele gegenstände
produzieren ließen

so
daß die nicht mehr wissen
wohin damit

waren sie unfähig
arbeit zu planen

müssen also
entlassen werden

6.

das gibt es nämlich
eine geplante
und infolgedessen
funktionierende
volkswirtschaft
in der jeder
der arbeiten will
arbeit findet

7.

wenn es
wie es scheint
nun zu viele
autos
autostraßen
fernsehgeräte
waschmaschinen
fotoapparate
polstersessel
strümpfe
pillen
schnäpse
zigaretten
gibt

so muß die produktion

umgestellt werden auf
wohnungen
die nicht schund sind
kinderspielplätze
gärten
bäder
filme
theater
konzerte
und einrichtungen für sie
intensive
hoch bezahlte
landwirtschaft
wälder
freie natur
reinheit des himmels
des wassers
und der erde
reformen
des schulwesens
der medizin
und der gefängnisse
die anwendung
der psychotherapie
und dies alles
nicht nur für uns
sondern für
die völker
die hungern

ein arbeitsplan
ausreichend für
– gering geschätzt –
zwei jahrhunderte
vollbeschäftigung

8.

arbeitgeber
diejenigen die
eure arbeit nehmen
verhöhnen den gedanken
an geplante arbeit
als utopie

wer soll das bezahlen
fragen sie
diese volkswirtschaftlichen
nichtskönner
mit ihrer spießigen
geldphilosophie

laßt euch von ihnen
nichts vormachen

die finanzierung
gemeinsamer
öffentlicher
profitloser
arbeit
ist überhaupt
kein problem

geld ist kein wert an sich
sondern ein hilfsmittel
seine produktion
kann geplant werden
geld ist ein teil
von arbeit

9.

ich verzichte darauf
darzustellen
wie die arbeitnehmer leben
welche profite sie einstreichen
während ihre arbeitgeber
arbeitslos sind

sonst kommt mir die galle hoch

sogar eure arbeitslosigkeit
arbeitgeber
lassen sie euch selber bezahlen
denn ihre beiträge
zur arbeitslosenversicherung
haben sie in ihre profite
längst einkalkuliert

10.

übrigens ist
die krise
künstlich

inmitten dessen
was sie
rezession
nennen
schütten die manager
dividenden aus
wie noch nie

aber das
nur nebenbei

11.

was eigentlich
ist perverser
als eine kündigung

einer teilt einem
andern mit
daß er nicht mehr
arbeiten darf

arbeitgeber
zerreiß
den wisch

bleib an deinem
arbeitsplatz

wirf den
unfähigen der dir
deine arbeit

wegnehmen will
aus der fabrik

sie gehört nämlich
denen die
maschinen
in gang setzen
nicht denen die
sie anhalten

maschinen die
schweigend
in werkshallen
stehen
und menschen die
nicht arbeiten
dürfen

was für ein
system

12.

im letzten winter
ein und eine halbe million
allein in westdeutschland
fünfzehn millionen
in den westlichen
industrieländern
ungezählte millionen
kurzarbeiter

zum staunen
ist daran
nur
daß es
noch immer
leute gibt die
ein solches system für
funktionsfähig
halten

ein naturereignis
sagen sie

indessen andere
darüber nachzudenken beginnen
ob es nicht an der zeit wäre
ein paar hundert leute
zu entlassen

welche die macht haben
millionen zu entlassen

jene manager die
ihre unfähigkeit
arbeit zu planen
als ein
naturereignis
verkaufen

Anmerkung

ich bin
vorsichtig

noch behaupte ich nicht
sie hätten die arbeitslosigkeit
geplant

sie planen ja
überhaupt nichts

wahrscheinlich ist ihnen das alles
peinlich

wahrscheinlich trauern sie
in ihren
verinnerlichten
häusern am stadtrand
umgeben von
humanismus und
joseph beuys

wahrscheinlich sind sie nicht
böse

sondern bloß
unfähig

arbeitgeber

bewilligt ihnen
einen ruhigen lebensabend
mit psychotherapeutischer
behandlung ihrer
neurosen

aber richtet euch
unerbittlich
eine neue
produktionsweise
ein

eine fähige

Sierra Madre del Sur

unten
im tal ein
agavenfeld

jenseits die leeren berge
eine gelbe steppe   versteint und
ausgebleicht von ihrer unendlichkeit

tagereisen für
mohnsammler

eine hitze

sogar die vipern flüchten sich
in den blassen schatten
der dornsträucher

die tropischen hochländer   der geruch
von kopalharz
das aroma des tiefen raums
vor dem mondgebirg
dem rundhorizont
baumlos
endlos
kreisend unter den schwarzen
langsamen

lassowürfen
der geier

unter einer
finsteren sonne

reglos
im tal ein
agavenfeld

Mexiko

die grundfarbe
ein tiefes
violettbraun

die sombreros werfen blaue schatten
auf die gesichter der männer

schwarze pferde
an kurzen zügeln

eine wegkreuzung bei
san miguel de allende

hungrig warten
die tortilla-esser

auf die landreform
auf einen horizont aus

baumwollfeldern
getreidefluren

viehherden
mango-hainen

schließlich
sitzen sie auf

reiten davon	über das gelbe
mesquite-grasland

suchen den eingang
in die kupferschlucht

wo sie ihre flinten
versteckt halten

bis zu dem tag an dem
der padre hidalgo
sie rufen wird

peones	campesinos

vor den regierungspalast
aufgesessen auf ihren
tänzelnden schnaubenden pferden

die säbel entblößt
ein dankbares
ziel für die maschinengewehre

peones	campesinos

blut das verkrustet
ein tiefes
violettbraun

Die Materialisten

Unter Verwendung einiger Sätze
aus »Ludwig Feuerbach und der
Ausgang der klassischen deutschen
Philosophie« von Friedrich Engels

dieser hegel
hat allen ernstes
angenommen
es gäbe den
absoluten begriff

der absolute begriff
entwickle sich
zu sich selbst
dann »entäußere« er sich
indem er sich
in die natur verwandle
wo er
ohne bewußtsein
seiner selbst
verkleidet als
naturnotwendigkeit
eine neue
entwicklung durchmache
und zuletzt
im menschen
wieder
zum selbstbewußtsein
käme

das denken sei also
das ursprüngliche
die natur
das abgeleitete

und über solchen unsinn
spintisieren noch heute die
eklektischen flohknacker
auf den lehrstühlen
der philosophie

aber das
einzig wirkliche
ist die stoffliche
sinnlich wahrnehmbare
welt
und unser denken
das erzeugnis
eines stofflichen
körperlichen
organs
des gehirns

solches halte ich
für das einzig
gewisse

vermute auch
daß die welt
nicht geschaffen
sondern ewig ist

und daß die
persönliche seele

– denn daß es sie gibt
davon halte ich mich
für überzeugt
folge in dieser hinsicht
nicht dem engels
sondern dem
averroës –

nach dem tode
in die große
weltseele
eingeht

die einzel-seele ist nicht
unsterblich
aber der geist ist
die erste materie

in bewegung
ein prozeß

mehr weiß ich nicht
von der philosophie

doch es genügt mir

der ich noch immer lebe
in waldursprünglicher zeit

Paris, 1. Mai 1977

sich an den händen fassen
die augen zumachen
und losrennen

daran
daß euch dieser wunsch überfällt
erkennt ihr
die ankunft der liebe

dann
dürft ihr nicht zögern

faßt euch an den händen
macht die augen zu
rennt los

II

Mi tengo a quest'albero mutilato
abbandonato in questa dolina
che ha il languore
di un circo
prima o dopo lo spettacolo
e guardo
il passaggio quieto
delle nuvole sulla luna

Stamani mi sono disteso
in un'urna d'acqua
e come una reliquia
ho riposato

L'Isonzo scorrendo
mi levigava
come un suo sasso

Ho tirato su
le mie quattr'ossa
e me ne sono andato
come un acrobato
sull'acqua
. . .

Giuseppe Ungaretti / Aus »Die Flüsse«

gelehnt an diesen zerschossenen baum
zurückgelassen in seiner senke
die voll ist von leere
wie ein zirkus
vor oder nach dem spektakel
beobachte ich
den lautlosen gang
der wolken am mond vorbei

am morgen habe ich mich ausgestreckt
in einer urne aus wasser
und mich ausgeruht
wie eine reliquie

der isonzo strömend
polierte mich
wie einen seiner steine

dann zog ich
meine vier gebeine hoch
und bin fortgegangen
über das wasser
wie ein akrobat

L'uva e matura, il campo arato,

Si stacca il monte dalle nuvole.

Sui polverosi specchi dell'estate
Caduta e l'ombra,

Tra le dita incerte
Il loro lume è chiaro
E lontano.

Colle rondini fugge
L'ultimo strazio.

Giuseppe Ungaretti / Ruhe

die traube ist reif   gepflügt das feld

der berg sondert sich von den wolken

schatten fiel
auf die staubigen spiegel des sommers

zwischen unsicheren fingern
scheint ihr licht hell
und entfernt

mit den schwalben flüchtet
das herzzerreißende

Ernest Hemingway / Mitragliatrice *

The mills of the gods grind slowly
But the mill
Chatters in mechanical staccato.

Ugly short infantry of the mind,
Advancing over difficult terrain.
Making this Corona
Their mitrailleuse.

* Originaltitel in italienischer Sprache

Ernest Hemingway / Mitragliatrice

gottes mühlen mahlen langsam
doch das mahlwerk
schwätzt sein mechanisches staccato

dreckige infanterie des geistes
rückt über schwieriges gelände vor
mit der mg-unterstützung
dieser olivetti

A porcupine skin
Stiff with bad tanning,
It must have ended somewhere.
Stuffed horned owl
Pompous
Yellow eyed;
Chuck-wills-widow on a biassed twig
Sooted with dust.
Piles of old magazines,
Drawers of boys letters
And the line of love
They must have ended somewhere.
Yesterdays tribute is gone
Along with youth
And the canoe that went to pieces on the beach
The year of the big storm
When the hotel burned down
At Seney, Michigan.

ein stachelschweinfell
steif von schlechter gerberlohe und
irgendwann weggeschmissen
ausgestopfte horneule
pompös
gelbäugig
nachtschwalbe auf schrägem ast
schwarz von staub
stöße alter zeitschriften
schubladen mit jungensbriefen
und der liebeszettel
eines tages haben sie schluß gemacht
all das zeug von damals ist hin
mit der jugend
und mit dem kanu das in stücke ging am ufer
im jahr des großen sturms
als das hotel niederbrannte
in seney michigan

Ernest Hemingway / Neo-Thomist Poem*

The lord is my shepherd, I shall not
want him for long

* The title ›Neo-Thomist Poem‹ refers to temporary embracing of church by literary gents. – E. H.

Ernest Hemingway / Neo-thomistisches* Gedicht

der herr ist mein hirte   lang
                                        halt ich's bei ihm nicht aus

* Die Bezeichnung ›neo-thomistisch‹ für dieses Gedicht bezieht sich auf die gelegentlichen Umarmungen der Kirche durch die feineren Herren der Literatur. – E. H.

The washing hanging from the lemon tree
in the rain
and the grass long and coarse.

Sequence broken, tension
of bitter-orange sunlight
frayed off.
                              So light a rain

fine shreds
pending above the rigid leaves.

Wear scarlet! Tear the green lemons
off the tree!   I don't want
to forget who I am, what has burned in me
and hang limp and clean, an empty dress!

die wäsche aufgehängt am zitronenbaum
im regen
und das gras lang und rauh

zerbrochne sequenz   die sonne
des bitteren orangen-lichts spannung
abgewaschen
            ein regen so leicht

dünnes gesprüh
schwebt über den strengen blättern

trag die feuerbohnen-farbe   reiß'
die grünen zitronen vom baum   ich wünsche nicht
zu vergessen wer ich bin   was in mir brannte
um schlaff und sauber zu hängen
ein leeres kleid

Michael Bullock / Black River

Black river choked with leaves
dead willow tracing on water
the face of a lost mother.

Tumbled hut overgrown with bamboos,
cold hearth and rotting beams,
the kingdom of spiders.

Two faces caught in a cracked mirror,
two mouths tied by lines of refraction,
eyes open on the nothingness of empty space.

The light has its hand on our eyes,
the rope of morning is a noose round our necks,
the black river a moat round a sorcerer's castle.

Silence follows meeting and the meeting was a
murder.
The corpse shed no blood,
and the ghost writes this poem.

schwarzer fluß wird von blättern erwürgt
tote weide zeichnet aufs wasser
vergessenes mutter-gesicht

bruchbude hinterm bambus-verhau
kalter herd   spinnen-revier
im verrotteten holz

zersprungner spiegel fängt sich das doppel-gesicht
bruchlinien binden den doppel-mund fest
in das nichtsein des leeren raums vor den offenen augen

auf die das licht seine hand legt
der morgen schlingt sein seil um unsere hälser
der schwarze fluß gräbt sein bett um den hörselberg

schweigen folgt einem zweikampf der ein mord war
die leiche blutet nicht
und das gespenst verfaßt verse

The river turns and heads towards its source
the rushes bend and whisper as it passes,
the marshbirds sing a song of seven notes,
in their red eyes reflect the running stream.

The green slime floating by the water's edge
locks its fingers in the waving grass,
and twigs and branches gather by the bank,
dismayed, bewildered by this river in reverse.

All flowing waters are not what they seem:
all turncoat currents answer to a curse.

Michael Bullock / Fluss in Umkehr

der fluß kehrt um nimmt kurs auf seine quelle
wo er vorbei kommt kniet das schilf und flüstert
brachvogel singt sein sieben-noten-lied
des strömens widerschein ist rot in seinen augen

die entengrütze die am ufer schwappt
flockt sich stromauf ins wilde gras das wogt
und reisig-schwärme rasten auf der kiesbank
verstört verwirrt von diesem fluß im gegenstrom

nicht alle wasser fallen wie es scheint
verflucht sind sie zum ursprung sich zu wenden

Through the forest of eyes
the stalk walks without a flower.

On the road of stones
the foot tires two days in an hour.

The water
takes the bridge in its stride.

Out of the blank moment before the birth of a poem
a stream of black gall flows round the palace of glass.

Sight is confined within the tower of the eye
and the sleeper imprisoned sees the underside of
the river.

Michael Bullock / Durch den Augenwald

durch den augenwald
geht der stengel ohne blume

auf der pflasterstraße
wird der fuß stündlich zweitagemüd

spielend überwältigt das wasser
die brücke

aus dem leeren moment vor der geburt eines gedichts
fließt ein strom schwarzer galle um den glaspalast

der blick ist eingeschlossen im augenturm
und der gefangene schläfer sieht den fluß
                    von unten

Michael Hamburger / Life and Art

For Denis Lowson

'A cell,' I reply when visitors remark
On the small high windows of the room I work in,
A room without a view. 'Exactly what I need,
Daylight enough – no more – to push a pen by,
And no distractions. Even the two great elms
With their congregations, race riots and social
    conflicts,
Endless commotions of squirrels, jackdaws and owls
Not to be seen, and only seldom heard.'

You dropped in one morning and sketched the garden,
All blue and black with the bulk and shade of
    those elms.
At once I longed to possess it. (The garden, the
    sketch?)
And above my desk I pinned up the silence extracted
From the endless commotion of squirrels, jackdaws
    and owls.
My garden hangs on the wall – and no distractions.

eine zelle sage ich wenn besucher die fenster des zimmers
in dem ich arbeite zu hoch und zu schmal finden
ein zimmer ohne aussicht   genau was ich brauche
genug tageslicht   mehr wär zuviel   für mich
federfuchser
nichts lenkt mich ab   sogar die zwei großen ulmen
mit ihren zusammenrottungen pogromen klassen-
kämpfen
endlosen tumulten von eichhörnchen dohlen und eulen
nicht zu sehen und nur selten zu hören

du kamst eines morgens und hast den garten gezeichnet
in blau und schwarz die masse den schatten der ulmen
auf einmal wollt ich das haben   den garten? die
zeichnung?
über meinem tisch befestigte ich das schweigen
gefiltert
aus den endlosen tumulten von eichhörnchen dohlen
und eulen
mein garten hängt an der wand   nichts lenkt mich ab

A short-wave station gabbles and hums –
The newly filled tea pot.
Turtle doves coo in the corner –
Something vibrates as I type.
Outside, a mechanical saw –
Guinea fowl screeching.
A pheasant's repeated hoot –
Cars on the new road.
I bend, and smell tom-cats –
Blackcurrant bushes;
Mimosa –
Meadowsweet.

I appoint my two eyes judge,
Sole upholders now of the decencies
Of reason, identity, place,
Yet from Thames to Riviera
Am wholly transported:
Meadowsweet to mimosa,
The blue-white-silver, yellow-tufted trees
On the mountainside
Long unvisited, never missed.
And the daily hill gone.

Michael Hamburger / Verwechslungen

eine kurzwellenstation knackt und simmert
der frisch gefüllte teekessel
im hofwinkel gurren turteltauben
etwas vibriert beim tippen
eine kreissäge draußen
perlhühnergekreisch
immer wieder fasanenpfiffe
autos auf der neuen straße
ich bück mich und rieche kater
korinthensträucher
mimosen
mädesüß

ich mache meine augen zu richtern
einzigen bewahrern der schicklichkeit
von vernunft identität raum
doch von der themse zur rhone
bin ich schon abgereist
mädesüß zu mimosen
am berg die blau weiß silbernen
bäume besteckt mit gelben buketts
lang nicht besucht   niemals verfehlt
fort der alltägliche hügel

It begins near Venice
A Venice of chasms and pools,
And above a coastline longer than vision
Gently curves
Into a south or east without end.
Always the question is
How far can I walk it
Across what frontiers
Into what vastnesses,
More golden mist,
Woods ever denser, darker,
Mountains more mountainous
Above a more dazzling sea.

Always I am detained;
As by this new nation
Of displaced persons
Who are rarely visited,
Whose nationhood is a cause.
They needed me,
Appealed to my fellowship,
Involved me in schemes,
Charged me with missions
To friends whom I never reached.

ic rack:
vn on green water,
runks for growing
lying flat.

irls laughing

llas
ropped, but to burn –
ved on

ches would fling them,
d garden
erside,
weeping willows,

lles in armchairs,
hone, doorbell,
d print or two
c, black
age, blue sky.

bei venedig
meinem zisternen-venedig
beginnt sie und zeichnet sanft
den umriß der küste nach   die dem blick entläuft
nach süden nach osten endlos
immer frage ich mich
wie weit ich sie komme
über welche grenzen
in welche fernen
aus nebeln noch goldener
immer dichteren dunkleren wäldern
bergen noch bergiger
über meeren noch blendender

immer hält mich
diese neue nation auf
die selten besucht wird
deren nationalität umstritten ist
umsiedler   flüchtlinge   heimatlose
sie benötigten mich
beriefen sich auf meine kameradschaft
bezogen mich in pläne ein
gaben mir aufträge
an freunde die ich niemals erreichte

If only I could move on
To the wilder, more alien countries
Further along the road.
I walk it often
In dreams
And do not look for it when awake.

wenn ich r
in wildere
die straße v
ich gehe sie
in träumen
und verges

Years on the Goth
Bells crashing do
Lashing the tree
The meadows for

And the flushed g
At calf love.
Planting banderi
That itched and
All moved on, m

Not where the a
Not to a cloistere
Nor yet to the ri
The willows, the

To pins and nee
Shrilling of tele
A well-mannere
Of towers, Goth
Against trim fol

Michael Hamburger / Oxford

gotische folterjahre
glockenhiebe auf grünes wasser
die bäume peitschend weil sie wachsen
die wiesen weil sie flach sind

die mädchen erröten und lachen
über pickelige liebe
banderillas gesetzt
zu jucken und abzufallen ohne zu verwunden
jeder bewegte sich weiter weiter

nicht wohin die bögen ihn treiben wollten
nicht in den kreuzgang
noch an den fluß
in den die weiden hängen

sondern zu eingeschlafenen beinen in lehnstühlen
telefonklingeln   türglocken
einem adretten farbstich
von türmen gotisch schwarz
gegen geschorene hecken und himmelblau

Beautiful, sobbing, high-geared fucking
and then to lie silently like deer tracks
in the freshly fallen snow beside the one
  you love. That's all.

Richard Brautigan / Wildfährte

schön schluchzend im vierten gang ficken
und dann stumm liegen wildfährte
in frisch gefallenem schnee neben der die
du liebst

Das ›That's all‹ des amerikanischen Textes habe ich weggelassen. Es verwandelt ein Liebesgedicht in ein Lehrgedicht, wozu kein Anlaß besteht. A. A.

Forget love
I want to die
in your yellow
    hair.

Richard Brautigan / Farbe zu Anfang

quatsch   liebe

sterben möcht ich
in deinem gelben
        haar

Richard Brautigan / The Virgo Grace of Your Ways Versus This Poem

Hilda
I keep wanting to write a poem
in praise of your beautiful energy
and because I like the Virgo grace
of your ways.
Funky as it is: I'm sorry,
forgive me, I guess this is
that poem.

Richard Brautigan / Gedicht für eine im Zeichen der Jungfrau Geborene

hilda
ich halt mich dran
will ein gedicht machen
zum preis deiner
schönen energie
und weil ich mag wie du
jungfrau   spröd
        deine wege gehst

entschuldige
is ja blöd   aber ich glaub
das war's schon
        mein gedicht

Richard Brautigan / "Rommel drives on deep into Egypt"

San Francisco Chronicle Headline
June 26, 1942

Rommel is dead.
His army has joined the quicksand legions
of history where battle is always
a metal echo saluting a rusty shadow.
His tanks are gone.
How's your ass?

Richard Brautigan / »Rommel stösst tief in Ägypten vor«

Schlagzeile im *San Francisco Chronicle*
vom 26. Juni 1942

rommel ist tot
angetreten ist seine armee mit den flugsand-legionen
der geschichte die schlacht
ein geschepper von blech
salutiert einem rostigen
schatten
die staubfahnen
seiner tanks
sind verweht
vermodert
sein arsch

Richard Brautigan / April 7, 1969

I feel so bad today
that I want to write a poem.
I don't care: any poem, this
    poem.

Richard Brautigan / 7. April 1969

ich fühl mich so mies heute
daß ich ein gedicht machen muß
egal was für eins   irgendeins
        dieses

Pretty: except for the
puncture bruises on her
arm. Also, she's a little
thin.

Richard Brautigan / Diät

hübsch abgesehen von den
einstichstellen auf ihrem
arm außerdem ist sie ein bißchen
dünn

Richard Brautigan / My Concern for Your Tomato Plants

I stare at your tomato plants.
You're not, I'm not pleased with the way
    they are growing.
I try to think of ways to help them.
I study them. What do I know about tomatoes?
    "Perhaps some nitrate," I suggest.
But I don't know anything and now I've taken
to gossiping about them. I'm as shameless
    as their lack of growing.

Richard Brautigan / Meine Sorge um deine Tomaten-Pflanzen

ich bekieke deine tomaten-pflanzen
kümmerlich ihr wachstum   es freut
    weder dich noch mich
ich frage mich wie man ihnen helfen könnte
ich rate herum   was weiß ich über tomaten
    vielleicht 'n büschen stickstoff   schlage ich vor
aber ich hab keine ahnung
schwätz bloß irgendwas   ich bin so kümmerlich
    wie ihr wachstum

I'm sitting here (at a cafe) thinking
about writing a poem. What will I write
about? I don't know. I just feel like it
when suddenly a young man in a hurry
walks up to me and says, "Can I use your
    pen?"
There's an envelope in his hand. "I want
to address this." He takes my pen
and addresses the envelope. He's very serious
about it. He's really using the
    pen.

mit der absicht ein gedicht zu schreiben
sitze ich im café   ich weiß nicht
was ich schreiben will   und worüber
es ist mir nur so danach
als ein jüngling   eilig
an meinen tisch tritt und fragt   kann ich ihre
        feder benützen

in seiner hand ein briefumschlag   ich möchte
die adresse schreiben   er nimmt meine feder
und adressiert den brief   er ist
ganz bei der sache   kein zweifel   er
        benützt die feder

He wants to fly,
sitting next to me on the bus,
reading a copy of *Flight Handbook.*

He has one of the largest
thumbnails I've ever seen.

As he dreams of bird-like mannerisms,
I stare at his thumb.

Richard Brautigan / Handbuch des Fliegens

der da möchte fliegen
er sitzt neben mir im bus
im *handbuch des fliegens* lesend

er hat den größten
daumennagel   den ich jemals
gesehen habe

während er von aerodynamik träumt
glotz ich auf seinen daumen

Desiderio delle tue mani chiare
nella penombra della fiamma:
sapevano di rovere e di rose;
di morte. Antico inverno.

Cercavano il miglio gli uccelli
ed erano sùbito di neve;
così le parole:
un po' di sole, una raggiera d'angelo,
e poi la nebbia; e gli alberi,
e noi fatti d'aria al mattino.

Salvatore Quasimodo / Winter, vor Zeiten

ach   wiederzusehn deine hände
hell im halbschatten der flamme
vertraut mit eichen und rosen
mit dem tod   winter vor zeiten

die vögel   nach hirse suchend
waren plötzlich aus schnee
wie die wörter
erst sonne   dünn   seraphisches licht
gefolgt von nebel   und die bäume
und wir   in der frühe aus luft gemacht

Dove gli alberi ancora
abbandonata più fanno la sera,
come indolente
è svanito l'ultimo tuo passo,
che appare appena il fiore
sui tigli e insiste alla sua sorte.

Una ragione cerchi agli affetti,
provi il silenzio nella tua vita.
Altra ventura a me rivela
il tempo specchiato. Addolora
come la morte, bellezza ormai
in altri volti fulminea.
Perduto ho ogni cosa innocente,
anche in questa voce, superstite
a imitare la gioia.

dort wo die bäume den abend
noch verlassener machen
ist dein schritt verhallt   dein letzter
so gleichgültig
während die linden blühen
und auf ihrem welken beharren

du suchst einen grund für gefühle
dein leben probiert schweigen an   aber
die gespiegelte zeit enthüllt mir
abenteuer   andere   wie der tod
betrübt's mich daß ich merke wie schönheit
als blitz jetzt in andere gesichter einfällt
alle unschuld hab ich verloren
sogar in diesen worten   einem überrest
von freude   nachgeahmt

Franco Fortini / Per le opere di Isaac Babel

a I. Ehrenburg, autore delle prefazione

Se non sapete punire,
se non sapete incenerire,
quella parte di voi,
quella parte di noi
stessi, che è stata muta:

se non sapete dire
perchè abbiamo fatto morire
Babel e gli altri; e chi ha in noi premuta,
vent' anni la sua bocca;

non parlate, non scrivete
prefazioni, non dorate
quei nomi per la pietà.
Lasciateci la nostra verità
imperfetta, umiliata

– tra la Rivoluzione che è passata
e quella che verrà.

Franco Fortini / Dem Werk von Isaak Babel

Für Ilja Ehrenburg, der ihm ein Vorwort schrieb.

wenn ihr nicht strafen
nicht einäschern könnt
den teil von euch
den teil von uns
selber   der stumm blieb

wenn ihr nicht sagen könnt
warum babel und die anderen
sterben mußten   und wer für uns seine stimme
zwanzig jahre zu früh verstummen ließ

dann redet nicht   schreibt nicht
vorwörter   dekoriert nicht
mit verehrung diese namen
laßt lieber unsere wahrheit
unvollkommen   erniedrigt

zwischen der revolution die vorbei ist
und jener die kommt

Se tu vorrei sapere
chi nei miei giorni sono stato, questo
di me ti potrò dire.
A una sorte mi posso assomigliare
che ho veduta nei campi:
l'uva che ai ricchi giorni di vendemmia
fu trovato immatura
ed i vedemmiatori non la colsero
e che poi nella vigna
smagrita dalle pene dell'inverno
non giunta alla dolcezza
non compiuta la macerano i venti.

Franco Fortini / Gleichnis

wenn du wissen möchtest
wer ich gewesen bin   zu meiner zeit   so
könnt ich dir zeigen

was ich auf den feldern gesehen
wie ich das los gezogen
einer traube   unreif befunden
ausgeschieden bei der weinlese   die so reich war
die winzer haben sie hängen lassen
jetzt schrumpft sie ein
im weinberg
unterm winterwind
wird niemals süß
niemals fest

Sempre caro mi fu quest'ermo colle,
e questa siepe, che da tanta parte
dell'ultimo orizzonte il guardo esclude.
Ma sedendo e mirando, interminati
spazi di là quella, e sovrumani
silenzi, e profondissima quiete
io nel pensier mi fingo; ove per poco
il cor non si spaura. E come il vento
odo stormir tra queste piante, io quello
infinito silenzio a questa voce
vo comparando: e mi sovvien l'eterno,
e le morti stagioni, e la presente
e viva, e il suon di lei. Così tra questa
immensità s'annega il pensier mio:
e il naufragar m'è dolce in questo mare.

immer hab ich diesen einsamen hügel gemocht
und diese hecke die doch den blick auf den
fernsten horizont fast gänzlich einschränkt   dennoch
sitze ich hier und bewundere im geist
grenzenlose räume   menschenleeres schweigen
abgründe der ruhe   wo eine zeit lang
das herz keine angst hat   und ich vergleiche den wind
der in den bäumen raschelt mit jenem
unendlichen schweigen   und erinnere mich wie sie
tönen
die toten jahreszeiten   der augenblick lebt
in solcher unermeßlichkeit   in der mein gedanke
untergeht
und was ich mir wünsche ist schiffbruch auf diesem meer

Wanderer moon
smiling a
faintly ironical smile
at this
brilliant, dew-moistened
summer morning, –
a detached
sleepily indifferent
smile, a
wanderer's smile, –
If I should
buy a shirt
your color and
put on a necktie
sky-blue
where would they carry me?

William Carlos Williams / Sommerlied

wanderer mond
lächelnd ein
zart ironisches lächeln
über diesen
brillanten taufeuchten
sommermorgen
ein gelöstes
schläfrig gleichgültiges
lächeln
wanderers lächeln
wenn ich ein hemd
kaufen würde
in deiner farbe und
eine krawatte umbinden
himmelblau
wohin käm denn dann ich?

Why do I write today?

The beauty of
the terrible faces
of our nonentities
stirs me to it:

colored women
day workers –
old and experienced –
returning home at dusk
in cast off clothing
faces like
old Florentine oak.

Also

the set pieces
of your faces stir me –
leading citizens –
but not
in the same way.

warum schreib ich heute?

weil die schönheit
der schrecklichen gesichter
unserer nichtswürdigsten
mich einfach umhaut

farbiger weiber
taglöhnerinnen
alt und erfahren
auf dem heimweg in der dämmerung
über mürben kleidern
gesichter wie aus
alter florentiner eiche

auch

eure pfannkuchen-visagen
führende bürger
hauen mich um
aber nicht
auf die gleiche weise

Among the rain
and lights
I saw the figure 5
in gold
on a red
firetruck
moving
tense
unheeded
to gong clangs
siren howls
and wheels rumbling
through the dark city.

William Carlos Williams / Die grosse Nummer

zwischen dem regen
und lichtern
sah ich die nummer 5
golden
auf einem roten
feuerwehrauto
packend
gespannt
nur ich sah sie
zu glockengebimmel
sirenengeheul
und rädern   scheppernd
durch die dunkle stadt

Lighthearted William twirled
his November moustaches
and, half dressed, looked
from the bedroom window
upon the spring weather.

Heigh-ya! sighed he gaily
leaning out to see
up and down the street
where a heavy sunlight
lay beyond some blue shadows.

Into the room he drew
his head again and laughed
to himself quietly
twirling his green moustaches.

William Carlos Williams / Leichtfuss William

seinen november-schnurrbart zwirbelt
bruder leichtfuß william
blickt   in hemd und hose erst
durch das schlafzimmerfenster
auf das frühlingswetter

hei-ja   seufzt er fröhlich
lehnt sich raus   guckt
die straße rauf und runter
wo die sonne   schwer
jenseits blauer schatten liegt

zieht den kopf zurück ins zimmer
lachend insgeheim
und still
seinen grünen schnurrbart zwirbelnd

My shoes as I lean
unlacing them
stand out upon
flat worsted flowers.

Nimbly the shadows
of my fingers play
unlacing
over shoes and flowers.

William Carlos Williams / Die Nachtigallen

während ich mich bücke
und sie aufknüpfe
stehn meine schuhe auf
flachen blumen aus kammgarn

hurtig spielen
die schatten meiner finger
beim aufknüpfen
über schuhen und blumen

I know only the bare rocks of today.
In these lies my brown sea-weed, –
green quartz veins bent through the wet shale;
in these lie my pools left by the tide –
quiet, forgetting waves;
on these stiffen white star fish
on these I slip barefooted!

Whispers of the fishy air touch my body;
"Sisters", I say to them.

William Carlos Williams / Ein Vorspiel

dieser zeit nackte felsen mit
grünen quarz-venen unter der nassen haut
sonst erkenne ich nichts
mein brauner seetang liegt drauf
meine tümpel rasten auf ihnen
vergessene wogen   still
bei niedrigwasser sterben darin
weiße seesterne
auf denen ich ausrutsche
barfuß

aus der luft die nach fischen riecht streifen mich leise
schreie
schwestern
so red ich sie an

As the cat
climbed over
the top of

the jamcloset
first the right
forefoot

carefully
then the hind
stepped down

into the pit of
the empty
flowerpot

William Carlos Williams / Gedicht

so stieg
die katze über
den deckel vom

eingemachten
erst   behutsam
den rechten

vorderfuß
dann die hinterhand
abgesetzt

in die höhle
den leeren
blumentopf

Quit writing
and in Morocco
raise a beard.

Go without a hat
like poor Clew
who braved

the desert heat.
Or if you will
like Herb

sit on a hotel
balcony and
watch your ship

while the girls
bring wines
and food

to you privately.
The language?
Make money.

Organize
The language.
Right.

William Carlos Williams / Afrika

mach schluß
mit schreiben
laß dir einen bart wachsen
in marokko

geh ohne hut
wie der arme clew
der die wüstenhitze
mutig ertrug

oder setz dich
wie herb
auf den hotelbalkon
und schau deinem schiff nach

während die weiber
wein bringen
und was zum futtern
für dich allein

kümmer dich nicht um die sprache
mach geld

quatsch nur
das nötigste

recht so

William Carlos Williams / Classic Scene

A power-house
in the shape of
a red brick chair
90 feet high

on the seat of which
sit the figures
of two metal
stacks – aluminum –

commanding an area
of squalid shacks
side by side –
from one of which

buff smoke
streams while under
a grey sky
the other remains

passive today –

William Carlos Williams / Klassische Landschaft

ein kraftwerk
rot   ein
thron aus klinkern
90 fuß hoch

oben drauf
zwei figuren
aus metall
schlote   aluminium

ihren befehlen gehorcht
eine reihensiedlung
elender bretterbuden

aus einem strömt
braungelber rauch
in den grauen himmel

während der andere
heute kalt bleibt

Tutto un anno d'attesa.

E di che poi? Dio forse
lo sa; certo non io.
Certo è aperta la soglia
e qualcuno dal tetto
veglia: non sono io.

Ma chi allora? La scolta
m'è straniera, ed una punta svia
nella notte la mente.
Pure è questa la via
sicura, ed un orrecchio ascolta.
. . . .
Oh la notte! e degli astri
la bianca teoria
assoluta, oh la mia
realtà di disastri!

Oh la mente, che un verbo
integro non sa dire
se non questo: tradire,
ed un aggettivo, acerbo.

ein ganzes jahr gewartet

und auf was denn? gott mag es
wissen   ich bestimmt nicht
ja ja die türe ist offen
und vom dach aus
wacht einer   aber nicht ich

wer denn zum teufel?   ich weiß nicht
wer da aufpaßt   irgendwas spitzes belästigt
in der nacht den geist
na ja die straße bleibt
still   und ein ohr gibt's das hört
. . . .
oh die nacht   und aus den sternen
die weiße absolute
theorie   über der
realität meiner niederlagen

wehe dem geist   der kein reines
tätigkeitswort mehr kennt
als höchstens dieses   verraten
und nur ein einziges adjektiv   bitter

Elio Filippo Accrocca / È come un fuoco di pastori, un uomo

È come un fuoco di pastori, un uomo
racconta storie di soldati: »Era
l'aprile del quarantadue.« Attorno
ascoltano i compagni nomi ignoti
di città che ripetere non sanno.

»Erano come queste le montagne
di lì, erano bianche.« Dorme un cane
tra le ginocchia del padrone. »Era
l'aprile del quarantadue quando
sentii l'ultima luna sul mio viso.«

ein mann erzählt kamerad-weißt-du-noch-geschichten
das ist als knistre hirtenfeuer »im april
zweiundvierzig war's« um ihn herum
die genossen hören spröde
unaussprechliche namen von fremden orten

»die berge waren wie diese hier weiß
waren sie« ein hund schläft zwischen den knieen
seines herrn »im april
zweiundvierzig war's da hab ich zum letztenmal
den mond auf meinem gesicht gefühlt«

Bartolo Cattafi / Domani

Domani apriremo l'arancia
il mondo arancia nel verde domani,
si poserà la nuvola lontana
con le zampe guardinghe di colomba
sopra il tetto di tegole vecchie
sopra il tempo piovuto rugginoso,
serberò al tuo petto quell'odore
d'arancia viva, di verde domani.

Bartolo Cattafi / Morgen

morgen werden wir die orange schälen
die welt   orange im grünen morgen
niederlassen wird sich die ferne wolke
mit behutsamen taubenfüßen
auf das dach aus alten ziegeln
auf die verregnete rostige zeit
bergen werde ich an deine brust den duft
der lebendigen orange   des grünen morgens

Mi sono seduto per terra
accanto al pagliaio della vigna vecchia.
I fanciulli strappano le noci
dei rami, le schiacciano tra due pietre.
Io mi concio le mani di acido verde,
mi godo l'aria dal fondo degli alberi

Leonardo Sinisgalli / Der alte Weinberg

ich hab mich auf die erde gesetzt
neben die strohmiete des alten weinbergs
die kinder streifen die nüsse
von den ästen   sie knacken sie zwischen zwei steinen
vom schwefeln grün gegerbt sind meine hände
mich freut die luft aus der bäume grund

Era un fantasma saturnino
azzurro e verde mio padre
quando tornava dalle vigne
al tempo dell'insolfatura.
Aveva aperto le viti
a una a una
sostando i tralci e le ruvide foglie.
Un giorno portò un bruco
caduto da un melo,
grosso come un suo dito.
»Gli anni duri sono finiti
per Sinisgalli, i nostri figli
avranno paglia per cento cavalli«,
disse una sera a sua moglie
la regina Taitù
prendendola per le due mani
sola carezza davanti alla tribù.

ein saturnisches
blaues und grünes gespenst war mein vater
wenn er heimkehrte
aus dem wingert
nach dem schwefeln
er hatte die trauben freigelegt
eine nach der anderen
die reblinge entfernend
und die vertrockneten blätter
eines tages brachte er eine
fingerdicke raupe
die von einem apfelbaum
gefallen war
»die harten jahre sind vorbei
für sinisgalli   unsere söhne
werden stroh für hundert pferde haben«
sagte er eines abends zu seiner frau
der königin taitù
ihre beiden hände nehmend
einziges zeichen von zärtlichkeit
in anwesenheit der sippe

Dove non eri quanta pace: il cielo
fra gli alberi estuosi raccoglieva
la bianca offerta delle strade, un volto
riluceva nel buio delle fonti,
la midolla di miele
temperava l'angoscia dei passanti
e la beltà brillava,
spariva suddivisa tra le vie
lampanti nel silenzio ventilato.

Né memoria, né immagini, né sogno.
Il volto dell'assente era una spera
specchiata dalla prima opaca stella
e neppure eri in lei, eri caduta
fuori dell'esistenza;
il candore affligeva i crocevia
e non era la sera,
era la bianca verità indolente
in fondo al mio tumulto, impercepita.

welch ein frieden dort wo du nicht warst der himmel
sammelte für die brennenden bäume
die weißen opfergaben der straßen ein gesicht
schimmerte im dunkel der quellen
krumen des honig-lichts
beschwichtigten die angst der wanderer
und die schönheit zerstob
verschwand zerrissen zwischen beleuchteten
wegen einem schweigen aus luft

keine erinnerung keine bilder kein traum
die abwesenheit deines gesichts war eine hoffnung
gespiegelt von dem ersten matten stern
und nichteinmal in ihm warst du gefallen warst du
aus dem sein
etwas weißes quälte die wegkreuzungen
es kam nicht aus dem abend
es war bloß die bleiche gleichgültige wahrheit
auf dem grund meines aufruhrs
nicht wahr genommen

Ti distendi e respiri nei colori.
Nel golfo irrequieto
nei cumuli di carbone irti al sole
sfavilla e s'abbandona
l'estremità del borgo.
Colgo il tuo cuore
se nell'alto silenzio mi commuove
un bisbiglio di gente per le strade.
Morto in tramonti nebbiosi d'altri cieli
sopravvivo alle tue sere celesti,
ai rari battelli del tardi
di luminarie fioriti.
Quando pieghi al sonno
e dài suoni di zoccoli e canzoni
e m'attardo smarrito ai tuoi bivi
m'accendi nel buio d'una piazza
una luce di calma, una vetrina.

Fuggirò quando il vento
investirà le tue rive;
sa la gente del porto quant'è vana
la difesa dei limpidi giorni.

Di notte il paese è frugato dai fari,
la borda un'insonnia di fuochi

du dehnst dich und atmest in farben
in der unruhe des golfs
in kohlenhaufen   licht flirrt über sie hin
verglimmen   verfallen
die letzten häuser
wenn im tiefen schweigen der straßen
leute flüstern   höre ich
dein herz klopfen
gestorben unter der nebligen dämmerung anderer
himmel
bleib ich am leben um an deinen abenden   den
rauchblauen
auf die seltenen späten schiffe zu warten
die lichterbekränzten
wenn du zum traum faltest
holzsohlenklappern und lieder
und ich mich verspäte in deinem gassengewirr
entzündest du mir im dunkel
eines platzes ein schaufenster   ein windstilles licht

wenn der wind gegen deine ufer
blasen wird   werde ich fliehen
die leute am hafen wissen schon wie
nutzlos es ist auf durchsichtigen tagen zu bestehen

vaganti nella campagna,
un fioco tumulto di lontane
locomotive verso la frontiera.

des nachts durchstöbern scheinwerfer die stadt
über die felder wandern feuer und stören
den schlaf des ufersaums
aus der ferne gegen die grenze zu dringen
die leisen klageschreie der lokomotiven

Tutto, si sa, la morte dissigalla.
E infatti, tornavo,
malchiusa era la porta
appena accostato il battente.
E spento infatti ero da poco,
disfatto in poche ore.
Ma quello vidi che certo
non vedono i defunti;
la casa visitata dalla mia fresca morte,
solo un poco smarrita
calda ancora di me che più non ero,
spezzata la sbarra
inane il chiavistello
e grande un'aria e popolosa attorno
a me piccino nella morte,
i corsi l'uno dopo l'altro desti
di Milano ancorata nel suo vento.

alle siegel   man weiß es   bricht der tod
und wirklich   als ich zurückkehrte war
die türe schlecht geschlossen
nur angelehnt ihre flügel
mich selber fand ich eilig ausgelöscht   wirklich
verwest in wenigen stunden
doch sah ich auch was die abgeschiedenen
gewöhnlich nicht sehen
das haus   und wie es mein frischer tod
nur ein wenig verwirrt hatte
warm noch von mir   den es nicht mehr gab
zerbrochen die schranke
nutzlos der riegel
und gewaltig einströmend die luft   die volkreiche
rings um meinen winzigen tod
die straßen wachten auf   eine nach der anderen
die straßen von mailand   das in seinem wind
schwoiend vor anker lag

Inhalt

I

II

Notiz

Die hier versammelten Übungen in schwach rhythmisierter Prosa entstanden zwischen 1946 und 1977. Sie sind, in beiden Abteilungen, in der Reihenfolge ihrer Entstehung angeordnet. Bei der Arbeit an den Übersetzungen gaben mir Alice Vollenweider und Fritz Senn, beide in Zürich, wertvolle Hinweise. Für die Erlaubnis, meine Übertragungen italienischer, englischer und amerikanischer Lyrik zu veröffentlichen, danke ich den folgenden Autoren, Verlagen und literarischen Agenturen: Michael Bullock, Michael Hamburger, Franco Fortini, Antonio Rinaldi, Mario Luzi und Vittorio Sereni; Mondadori Editore, Mailand, für die Gedichte von Giuseppe Ungaretti, Salvatore Quasimodo, Bartolo Cattafi und Leonardo Sinisgalli; Vanni Scheiwiller Editore, Mailand, für das Gedicht von Elio Filippo Accrocca; Agence Hoffmann, München, für die Gedichte von Denise Levertov und William Carlos Williams; The Dial Press/Delacorte Press/Seymour Lawrence, New York, für die Gedichte von Richard Brautigan (aus dem Band ›Rommel Drives on Deep into Egypt‹, © 1970 by Richard Brautigan).

Berzona und Zürich, im Frühjahr 1977 A. A.

Alfred Andersch
im Diogenes Verlag

Taschenbuch-Studienausgabe
in Einzelbänden:

Die Kirschen der Freiheit
Ein Bericht. detebe 1/I

Sansibar oder der letzte Grund
Roman. detebe 1/II

Hörspiele
Fahrerflucht · Der Tod des James Dean
Russisches Roulette · In der Nacht der Giraffe
detebe 1/III

Geister und Leute
Zehn Geschichten. detebe 1/IV

Die Rote
Roman. Neue Fassung. detebe 1/V

Ein Liebhaber des Halbschattens
Drei Erzählungen. detebe 1/VI

Efraim
Roman. detebe 1/VII

Winterspelt
Roman. detebe 1/IX

Öffentlicher Brief an einen
sowjetischen Schriftsteller,
das Überholte betreffend
Reportagen und Aufsätze.
Erstausgabe. detebe 1/XIII

Einige Zeichnungen

Graphische Thesen.
Mit einem Nachwort von Wieland Schmied
Erstausgabe. detebe 151

Als Materialienband liegt vor:

Über Alfred Andersch

Essays von Peter Demetz, Max Bense, Frank Beer, Horst Rüdiger; ein Brief von Thomas Mann; Rezensionen von Heinrich Böll, Hans Georg Brenner, Helmut Heißenbüttel, Arno Schmidt, Hans Magnus Enzensberger, Wolfgang Koeppen, Karl Markus Michel, Manuel Gasser, Friedrich Sieburg, Karl Otto Conrady, Karl Krolow, Werner Weber, Ludwig Marcuse, Jean Améry, Herbert Heckmann, Franz Schonauer, Karl Korn, Heinz Piontek; Interviews mit Alfred Andersch von Paul Kersten, Kristina Bonilla, Claude Ollier. Im Anhang Lebensdaten, eine vollständige Bibliographie der Werke und eine Auswahlbibliographie der Studien und Kritiken.
Herausgegeben von Gerd Haffmans. detebe 53

Als gebundene Ausgaben erschienen:

Gesammelte Erzählungen

aus den Jahren 1951–1963.
Ein Diogenes Sonderband

Mein Verschwinden in Providence

Neun neue Erzählungen

Wanderungen im Norden

Reisebericht. Mit 32 Farbtafeln
nach Fotos von Gisela Andersch

Hohe Breitengrade

Reisebericht. Mit 48 Farbtafeln
nach Fotos von Gisela Andersch
und einer Karte

Norden Süden rechts und links

Von Reisen und Büchern 1951–1971:
Reisebilder · Literarische Essays und Aufsätze · Kritiken und Rezensionen. Mit Nachweisen und Register. Gebundene und broschierte Ausgabe

Weiteres über Alfred Andersch:

Die Leute von Winterspelt

von Wolfgang Koeppen.
In: ›Das Tintenfaß‹ Nr. 25. detebe 100

Ein Gedicht macht sich selbständig

Eine Diskussion in Dokumenten und Fußnoten
um Alfred Anderschs Gedicht ›artikel 3 (3)‹.
In: ›Das Tintenfaß‹ Nr. 26. detebe 122